Albrecht G. Schmidt

No direction home –
Das Dilemma der Ungleichzeitigkeit

Albrecht G. Schmidt ist Arzt und Naturwissenschaftler. Er lebt in Deutschland.

Albrecht G. Schmidt

No direction home –
Das Dilemma der Ungleichzeitigkeit

„Habe den Mut, dich deines eigenen Verstandes zu bedienen! ist also der Wahlspruch der Aufklärung." (Immanuel Kant)

„Der Feind der Wahrheit ist nicht die Lüge, sondern der Mythos." (John F. Kennedy)

Bibliografische Information der Deutschen Nationalbibliothek: Die Deutsche Nationalbibliothek verzeichnet diese Publikation in der Deutschen Nationalbibliografie; detaillierte bibliografische Daten sind im Internet über http://dnb.dnb.de abrufbar.

Herstellung und Verlag:
BoD – Books on Demand, Norderstedt

ISBN: 978-3-8391-4245-5

Inhalt

Einleitung: Warum dieser Essay ?

Wir Deutschen und Europäer leben in einer Gesellschaft der Ungleichzeitigkeit. In einer Gesellschaft des unaufgeklärten Nebeneinanders langbewährter politischer Denk- und Deutungsmuster einerseits, und einer stetig aufklärenden, immer neue Wissenshorizonte erschliessenden, fortlaufend lernenden Empirie aus Versuch und Irrtum andererseits.

Hier der scheinbar stabile State-of-the-Art einer deutschen und europäischen Parteien-Politik, die etablierte politische Denk- und Deutungsmuster fortschreibt und auf neuartige Herausforderungen eher überrascht und überraschend reagiert, dort eine sich ständig verändernde, stetig aufklärende, uns fortlaufend mit neuen Chancen und Herausforderungen konfrontierende Wissens- und Lebenswelt, die den Rahmen der bisherigen Deutungsmuster auf's immer Neue sprengt. Ein unaufgeklärtes Nebeneinander grundverschiedener Herangehensweisen an die Herausforderungen einer sich rasch verändernden Welt.

Grundverschiedene Interpretationsmuster und Interpretationsebenen, die im gesellschaftlichen Alltag nicht länger zusammengeführt und integriert werden. Die sich vielmehr voneinander entfernen und in ihrer gegenseitigen Fremdsprachigkeit auch nicht länger verstehen. Eine Ungleichzeitigkeit, die unsere freie und offene Gesellschaft unmerklich aber wirkungsvoll segregiert. Dieses Phänomen der innergesellschaftlichen Ungleichzeitigkeit zu erkennen, es offenzulegen und seinen potentiell zerstörerischen Konsequenzen entgegenzuwirken, ist eine der großen politischen Herausforderungen unserer Zeit.

Um dieser Herausforderung erfolgreich zu begegnen, bedarf es eines erweiterten Selbstverständnisses repräsentativer Politik. Eines Selbstverständnisses, das stabilitäts-beschwörende Formeln wie „politische Korrektheit", „politische Alternativlosigkeit" oder „politische Klasse" hinter sich lässt und sich der Öffnung der politischen Auseinandersetzung, der Aufklärung politischer Begriffe sowie der stetigen Weiterentwicklung bestehender politischer Deutungsmuster verschreibt. Es bedarf eines politischen Selbstverständnisses, das sich nicht länger allein aus der Bewältigung der politischen Katastrophen des europäischen 20. Jahrhunderts begründet, sondern seine Rechtfertigung und Kraft aus den viel tieferen Wurzeln der europäischen Aufklärung bezieht. Das erkennt, dass die historischen Katastrophen und die

Ressentiments des vergangenen Jahrhunderts diese Wurzeln auf tragische Weise gekappt haben. Das daher den Anschluss neu sucht an die uns verbliebenen Spuren der europäischen Aufklärung. Ein durch eine solche Spurensuche vertieftes Selbstverständnis der demokratischen Politik, ein aktives Anknüpfen an die Traditionen der europäischen Aufklärung wird es auch dem Souverän, der Bevölkerung, ermöglichen, sich mit neuen Perspektiven der gesellschaftlichen Weiterentwicklung auseinanderzusetzen. Sollte eine solche aufklärende Politik nicht gelingen, besteht die Gefahr, dass der öffentliche politische Diskurs in politischen Stereotypen und Klischees verharrt und vorhersagbar an den Herausforderungen der Ungleichzeitigkeit scheitern wird.

Dieser Essay ist von einem Arzt und Naturwissenschaftler geschrieben, der einige Jahre in den Vereinigten Staaten verbracht hat. Die politischen Eindrücke dort (lange vor 9/11) sowie langjährige berufliche Erfahrungen in der Schweiz und in Deutschland haben diesen Essay motiviert. Er ist aus der Sorge geschrieben, dass die deutsche und europäische Politik durch das Fortschreiben alter politischer Deutungsmuster die innergesellschaftlichen Ungleichzeitigkeiten, wenn auch ungewollt, weiter befördert und zugleich Chancen der gesellschaftlichen Öffnung, der innergesellschaftlichen Integration und der Weiterentwicklung unserer freien und offenen europäischen Gesellschaften verpasst. Dieser Essay knüpft nicht an die etablierten Argumentationslinien eines routiniert laufenden medial-öffentlichen Diskursbetriebes an, sondern will einen originären und unabhängigen Beitrag leisten. Es wäre ein grosser Erfolg dieses Essays, wenn er zu weiteren öffnenden Diskussionen beitrüge.

Die Kernthese: In einer sich rasch verändernden Gesellschaft kommt repräsentative Politik nicht umhin, lernen zu lernen, den Mut zu haben, sich an die Vorfront der stetigen gesellschaftlichen Öffnung und Weiterentwicklung zu stellen, die politische Auseinandersetzung zu motivieren und die Kontroverse auch jenseits etablierter Denk-und Deutungsmuster zu wagen. Sie kommt nicht umhin, dabei auch das Selbstverständnis der eigenen politischen Arbeit in Frage zu stellen. Sie ist sogar dazu aufgerufen, ein politisches Selbstverständnis jenseits der eingeübten Denk- und Deutungsmuster eines jeweils vorherrschenden Zeitgeistes zu erarbeiten – wohl wissend, dass es ursprünglich diese etablierten politischen Deutungsmuster waren, die ihr überhaupt erst zu politischem Einfluss und politischer Macht verholfen haben. Nur durch diese von innen und nach innen aufklärende Arbeit „in der Zeit und an der Zeit" kann ein politisch bewusstes, ein politisch waches, ein politisch mutiges Europa entstehen, das den Weg zu sich selbst findet. Ein Europa, das den hier lebenden und auch den neu hinzukommenden Menschen nicht nur materielle Sicherheit verspricht, sondern zugleich Perspektiven der politischen und existentiellen Freiheit – ein Europa, in dem es nicht nur, sondern für das es zu leben lohnt.

Der nicht leichte erste Schritt auf dem langen weiteren Weg der europäischen Aufklärung besteht darin, die kollektiven Stereotype und Klischees, die hinter den scheinbar bewährten politischen Denk- und Deutungsmustern liegen, Schritt für Schritt zu dechiffrieren. Dieser erste Schritt findet in unseren Köpfen statt. Es ist ein Schritt in das Neue, in das Unbekannte. Ihn zu tun ist mit Unsicherheiten und Ängsten verbunden. Manche Seifenblase des kollektiven Ressentiments wird zerplatzen, manches politische Klischee und Stereotyp sich in Luft auflösen, mancher Glaskasten narzistischer Selbstgerechtigkeit seine schützende Wirkung verlieren. Dieser Essay möchte dazu anregen, diesen Schritt dennoch zu wagen - im Vertrauen auf die Kraft der europäischen Aufklärung, aus der sich unsere politische und existentielle Freiheit ebenso wie unser derzeitiger materieller Wohlstand letztlich ableiten. Oder, wie Sisyphos es sagen könnte (wenn er denn kein alter Grieche wäre): “Let’s pick up the rock and keep it rolling”. Stellen wir uns also als politisch bewusste Europäer unserem Schicksal im 21. Jahrhundert, wagen wir uns heran an den Stein unserer unaufgeklärten politischen Deutungsmuster.

Vertrieben aus dem Paradies der politischen Gewissheiten

Es gab sie, die Zeiten der kollektiven politischen Gewissheiten im Deutschland und Europa des 19. und 20. Jahrhunderts. In denen es festgefügte politische Meinungen gab, eindeutige politische Lager und eindeutige politische Denk- und Deutungsmuster. Die „richtig" klar von „falsch" zu unterscheiden wussten. Die Lager der „Unsrigen" von denen der „Anderen" sicher abgrenzen konnten. In denen „Nationalisten" und „Internationalisten", „Faschisten" und „Anti-Faschisten", „Kommunisten" und „Anti-Kommunisten" gegeneinander Position bezogen: Sag mir, wo Du stehst!

Es gab sie, die festgefügten politischen Positionen von „rechts" und „links", die politischen Auseinandersetzungen zwischen klar verorteten politischen Fronten. Es gab sie sowohl generationen-übergreifend als auch generationen-trennend, hart erstritten gegen die Widerstände der jeweils anderen Seite, verklärt durch vorteils- oder gar heilsversprechende politische Deutungsmuster, politisch robust und wetterfest gegen jede Argumentation. Es gab sie, die Zeiten der sich unversöhnlich gegenüberstehenden politischen Fronten, die Zeiten des polarisierten politischen Denkens.

Es gab sie ebenfalls im Deutschland „vor der Wende“, die bleiern langen Jahre, in denen sich die eine Seite gegen die andere durchsetzen konnte – um die Missliebigen, die Andersdenkenden, die Andersartigen, die Staatsfeinde auszugrenzen, zu unterdrücken, persönlich zu zersetzen, und wenn es denn möglich war, sie wegzusperren, zu vertreiben, zu vernichten. Wir müssen uns diese Verbrechen immer wieder in Erinnerung rufen. So war es in Deutschland, so war es in Europa. So darf es niemals wieder sein.

Ja, es gab auch sie zu allen Zeiten, diejenigen, die die politische Bevormundung verteidigten, sie für richtig hielten, klammheimlich oder offen, keine Alternative, die offenen und heimlichen Ideologen, die Extremisten, aber auch die viel zu vielen Mitläufer, die Hunderttausenden, die Opportunisten der bleiernen Zeiten. Die recht hatten, weil sie auf der „richtigen Seite der Geschichte“ zu stehen meinten. Die Asche ihrer vereinnahmenden Deutungsmuster glimmt noch. Sie wird niemals ganz erlöschen.

Sie sind vorbei, die Zeiten der harten politischen Konfrontationen des 20. Jahrhunderts, seit mehr als 25 Jahren. Auf welcher Seite wir Älteren, wir Angehörigen der Generation der Babyboomer, zu den damaligen Zeiten auch immer gestanden haben mögen - wir dürfen ihnen keine Träne nachweinen. Die Freude darüber, dass wir uns aus den Kerkern historisch überholter bevormundender politischer Deutungsmuster befreien konnten, verdrängt jede Trauer über den Verlust der einst versprochenen, nie verwirklichten Paradiese der politischen Gewissheiten.

Aber bei aller Freude über die freien und offenen demokratischen Gesellschaften, über die verfassten Rechtsstaaten, in denen wir Europäer heute endlich gemeinsam leben:

Haben wir tatsächlich schon begriffen, welche neuen Herausforderungen der Wegfall der alten stabilen politischen Koordinaten, der alten schlichten politischen Orientierungen für die Weiterentwicklung unserer demokratischen Gesellschaften mit sich bringt?

Und wenn wir diese Herausforderungen begriffen haben, haben wir eine Vorstellung davon, wie wir sie als Gesellschaften meistern können – ohne nicht doch wieder in die Fänge neuer, vielleicht nicht weniger verhängnisvoller kollektiver politischer Deutungsmuster zu geraten, vielleicht sogar in die Fänge gänzlich neuer und unerwarteter Formen der Bevormundung und Unterdrückung ?

Ein Kurzgespräch unter Dreien:

A: *„Nein, wir haben keine wirklichen Antworten auf diese Fragen. Nein, darüber haben wir auch noch nicht nachgedacht. Diese Fragen spielen im Alltag auch keine Rolle. Wir kommen gar nicht dazu, über derartige Fragen nachzudenken. Natürlich, vielleicht haben wir sie ein wenig verdrängt, diese Fragen. Wir Demokraten. Ich weiss es nicht, ehrlich."*

B: *„Mit Verlaub, schon diese sogenannten Fragen erscheinen mir durchaus fragwürdig. Soll es hier etwa darum gehen, die Grundlagen unserer freien und demokratischen Gesellschaft, gar unsere freiheitliche Grundordnung selbst in Frage zu stellen, oder die demokratische Legitimation der etablierten Parteien? Welchen politischen Interessen soll hier der Boden bereitet werden? Wir müssen sehr wachsam sein bei dieser Art von Fragen. Wir kennen das. Worauf wollen*

Sie mit Ihrer Fragerei eigentlich hinaus? Was ist Ihre politische Agenda?"

C: *„Find' ich auch. Soll mal die Luft anhalten! Was soll das? Entspann Dich, Alter! Alles gut."*

A: *„Die moderne Welt ist tatsächlich sehr unübersichtlich, sehr komplex geworden. Das Tempo der Veränderungen ist rasant. Wir treiben, wir sind getrieben. Wir können kaum noch folgen, wir sind zu sehr eingespannt, zu viel zu tun, keine Zeit für Politik. Wie soll man denn in dieser gehetzten und unübersichtlichen Welt überhaupt politische Orientierung finden, selbst wenn man es wollte?"*

B: *„Die Frage muss doch wohl lauten: Kann, soll und darf es überhaupt noch politische Orientierung in dem hier ja wohl offensichtlich gemeinten Sinne geben? Brauchen wir so etwas? Nach all dem, was wir hinter uns haben. Woher soll denn diese sogenannte Orientierung kommen? Von den Stammtischen etwa, oder irgendwo aus dem Dunkel der deutschen Vergangenheit? Gott bewahre. Wir wissen doch, wohin das führt: Lug und Trug und millionenfaches Leid. Viel zu oft geschehen, tausendmal hinterfragt, längst verstanden. Finger weg."*

C: *„Klar! Seh' ich genauso. Wozu politische Orientierung ? Geh' sowieso nicht zur Wahl. Bringt nichts. Kann sowieso nichts ändern. Oder ich wähl' mal Pro-*

test eben. Diesmal jedenfalls ganz bestimmt vielleicht!"

A: *„Protestwahl ist keine Option, es gibt keine ernsthafte Alternative zu den etablierten demokratischen Parteien. Und sie erledigen ihre Aufgabe auch nicht gerade schlecht. Ruhiger und zuverlässiger Kurs in schwierigen Zeiten. Uns geht's doch gut. Alles in allem. Wirtschaftlich sowieso. Weltmarktführer, kaum Arbeitslosigkeit, gute Fortschritte im Umweltschutz. Wir haben weitgehenden innergesellschaftlichen Frieden. Ruhe. Es könnte eigentlich so weitergehen – na ja, oder doch nicht ganz so: Irgendwie fairer, menschlicher, noch wirksamerer Klimaschutz, irgendwie gerechter auch."*

B: *„Auf diese Position können wir uns durchaus verständigen."*

C: *„Welche Position? Lasst mich in Ruhe mit Eurem Gerede!"*

Ende des Diskurses. Dieses fiktive Gespräch mag andeuten, wie derzeit auf Fragen reagiert wird, die nicht unbedingt in die eingeübten politischen Denk- und Deutungsmuster zu passen scheinen, wie dennoch politische Deutungshoheit eingefordert (- ist die Frage überhaupt „zulässig"?) und auch durchgesetzt wird. Und vielleicht auch, warum so manche durchaus wichtigen politischen Fragen tragischerweise entweder gar nicht erst gestellt oder zumindest nicht beantwortet werden.

Wir sollten uns das inzwischen recht Offensichtliche eingestehen: Wir haben uns an eine öffentliche Diskussionskultur des unaufgeklärten Ressentiments gewöhnt (natürlich des „guten“ Ressentiments, versteht sich), eine Wohlfühlkultur der übersichtlichen politischen Stereotype, der Klischees, der Vorurteile. Eine öffentliche Diskussionskultur des verkürzten, des stark personalisierten politischen Arguments - zehn Sekunden Originalton in den Nachrichten oder zwanzig Minuten in der Talkshow (oder eine Stunde im Internet – aber wer hat schon Zeit für eine Stunde Internet?).

Leider werden wir uns den Luxus derart einfacher politischer Denk- und Deutungsmuster auf Dauer nicht leisten können in einer sich stetig diversifizierenden und verändernden Welt. Nicht weil wir es nicht wollten – sondern der unvermeidlichen Fehleinschätzungen wegen, der langfristigen Gefahren für unsere offenen und freien Gesellschaften.

Die Hydra der kollektiven politischen Deutungsmuster

Nach den Erfahrungen des Nationalismus des 19. und beginnenden 20. Jahrhunderts, der zur Katastrophe eines Ersten Weltkrieges führte, nach den Zeiten des Nationalsozialismus, nach barbarischen Massenvernichtungen und einem Zweiten Weltkrieg, nach den Erfahrungen eines freiheits-verachtenden real existierenden Sozialismus und Jahrzehnten des Kalten Krieges in Europa sollten zumindest wir in Deutschland lebenden Menschen geheilt sein von den Verführungen bevormundender politischer Deutungsmuster. Nach der deutschen und europäischen Wiedervereinigung sollte der Weg eigentlich frei sein für die Verwirklichung und schrittweise Weiterentwicklung einer offenen und freien Gesellschaft in Europa.

Sollte eigentlich. Doch hat es in den mehr als 25 Jahren seit der „Wende" nur wenige politische Impulse in die Richtung einer solchen schrittweise öffnenden gesellschaftlichen Weiterentwicklung gegeben, in Deutschland wie in Europa. Vielmehr setzte sich in Deutschland ein auch für die vormals Westdeutschen neues, stark materialistisch geprägtes gesellschaftliches Bewusstsein durch, gleichsam als kleinster gemeinsamer Nenner der beiden früheren politischen

„Systeme". Das jährliche Wirtschaftswachstum und die damit verbundenen Arbeitslosenzahlen wurden zum unumstrittenen Gradmesser jedweden politischen Erfolges. Keine Diskussion. Die Überwindung sozialer und materieller Ungleichheit, der innergesellschaftliche materielle Ausgleich, die materielle Teilhabe entwickelten sich zum zentralen Thema jedweder Politik. Ständig in Bearbeitung, immer umstritten, wechselnde Ansätze, wechselnde Mehrheiten, von Legislaturperiode zu Legislaturperiode. Die Themen des Umweltschutzes und der europäischen Einigung folgten, je nach politischer Saison, auf den Rängen. Darüber hinausgehende wirksame gesellschaftspolitische Anstösse zur Öffnung des innergesellschaftlichen politischen Diskurses blieben hingegen weitgehend aus.

Eigentlich nicht schlecht, könnte man sagen. Eine befriedete und wirtschaftlich erfolgreiche Gesellschaft braucht keine verunsichernden politischen Diskussionen. Konstruktiver Konsens ist allemal besser als destruktive Kontroverse. Und so sehr über den Materialismus geklagt werden mag: Er funktioniert. Wir haben eine starke Wirtschaft. Wir haben inzwischen auch wirksame Mechanismen des innergesellschaftlichen materiellen Ausgleichs, die wir stetig nachjustieren können. Wir haben weitgehenden innergesellschaftlichen Frieden. Wir geniessen den Schutz eines weitsichtigen Grundgesetzes und eines stabilen und funktionierenden Rechtsstaates. Wir achten auf unsere Umwelt. Sollten wir also nicht besonders stolz sein auf den Erfolg einer vor allem moderierenden, ausgleichenden Politik der ruhigen Hand durch die etablierten demokratischen Parteien?

Das Problem: Die Hydra der vereinnahmenden und bevormundenden kollektiven politischen Deutungsmuster, jene Schlange der griechischen Mythologie, der für jeden abgeschlagenen Kopf zwei Köpfe nachwachsen, schläft niemals. Sie kann nicht besiegt werden, indem man ihr keine Beachtung schenkt, sie in Ruhe lässt. Die Hydra der bevormundenden kollektiven politischen Deutungsmuster wächst im Verborgenen, im Unaufgeklärten, im Ressentiment. Und erwacht bei den ersten Zeichen gesellschaftlicher Unruhe. Und lässt sich dann weder durch gutes Zureden beruhigen noch durch das beherzte Abschlagen ihrer Köpfe bekämpfen. Es bedarf der frühzeitigen Auseinandersetzung mit eben jenen kollektiven politischen Deutungsmustern und Ressentiments, aus denen sie sich im Dunkel nährt. Nur durch Aufklärung, durch Offenlegung, kann die freie und offene Gesellschaft die Hydra der vereinnahmenden kollektiven Deutungsmuster besiegen, nur so sich rechtzeitige gegen ihre Angriffe und ihre Gifte schützen.

Aber haben wir nicht gerade in Deutschland aus der Geschichte gelernt, und tun wir dies nicht weiterhin? Haben wir nicht dafür gesorgt und sorgen weiter dafür, dass etwa die Gefährdungen durch den Nationalsozialismus zu jeder Zeit in unserem politischen Bewusstsein sind, sozusagen von Kindesbeinen an?

Ohne Frage tun wir dies, und tun dies mit Erfolg. Ja, gegen diese Gifte eines besonders barbarischen, rassistischen Denk- und Deutungsmusters scheinen wir weitgehend gefeit. Schutz gegen andere vereinnahmende politische Deutungsmuster entsteht hierdurch allerdings leider nicht. Weder gegen einen selbst militanten und freiheits-feindlichen „Anti-Faschismus", noch gegen religiösen Fundamentalismus, noch gegen einen reaktionären Nationalismus oder Neo-Feudalismus, noch gegen die vielen anderen „... ismen" und „Anti-...ismen".

Auch nicht gegen ein nur auf den ersten Blick so harmlos daherkommendes Denk- und Deutungsmuster eines moralischen „Gutmenschentums". Eine besonders interessante, eine besonders deutsche Variante der kollektiven Vereinnahmung: Hier „wir Guten“ …. - und dort ? So einfach geht es dann wohl doch wieder nicht, wissen nicht nur die Psychologen. In einer offenen und freiheitlichen Gesellschaft sollten wir den Mut aufbringen, derartige Offensichtlichkeiten auszusprechen. Sollten versuchen zu verstehen, wie es überhaupt zu derart überhöhten kollektiven moralischen Ansprüchen kommen kann. Wie dies so erstaunlich unwidersprochen, so wenig selbstreflexiv geschehen kann. Welche kollektiven Befindlichkeiten dahinterliegen, welche Beweggründe. Nicht nur die offensichtlichen und leicht durchschaubaren konkreten Machtinteressen, die hinter jedem Anspruch mit moralischer Überhöhung stehen, sondern auch die historische Tragik eines solchen „moralischen“ Denkmusters gerade aus Deutschland. Wollen wir tatsächlich behaupten, es gäbe die einfachen, die eindeutig moralisch „guten“ Lösungen? Wollen wir wirklich so tun, als wüssten wir nicht um die Vielschichtigkeiten, die inneren Widersprüchlichkeiten, die ethischen Dilemmata politischer Zusammenhänge, die sich eben nicht über den einfachen Leisten eines moralisch „gut“ oder „schlecht“ schlagen lassen? Es darf durchaus vermutet werden, dass sich das bemerkenswerte kollektive Denkmuster eines allgemeinen moralischen „Gutseins“ durch einen Blick in die deutsche Geschichte der zweiten Hälfte des letzten Jahrhunderts, in die Zeit der politischen Sozialisierung der derzeit noch politisch Verantwortlichen, sehr viel weiter erschliessen, noch erheblich besser verstehen liesse.

Wir müssen derzeit leider erleben, wie gewählte Repräsentanten unglückseligerweise dem Reflex folgen, derart einfachen kollektiven Deutungsmustern wie dem eines allgemeinen „Gutmenschentums“ nachzugeben, ohne sie zu hinterfragen und argumentativ weiter aufzulösen. Erschrocken stellen wir fest, dass seit langem erstmals wieder versucht wird, den vorherrschenden politischen Deutungsmustern eines „Zeitgeistes“ widersprechende Meinungen durch Ausgrenzung statt durch Auseinandersetzung entgegenzutreten. Wie tatsächlich (wieder) der Eindruck entstehen kann, dass an die Stelle des Gewissens des Einzelnen eines Tages so etwas wie ein „gutes“ (zu anderen Zeiten „gesundes“) kollektives Empfinden treten könnte. Wir müssen beobachten, wie die Grenzen zwischen staatlicher Fürsorge und Bevormundung unscharf zu werden beginnen. Wie wieder „politische Korrektheit“ als Vorwand für (natürlich stets gut gemeinten) vorauseilenden Gehorsam und (natürlich nur vorübergehende) Selbstzensur missverstanden wird. Wie Terminologien eingeführt werden, die Zusammenhänge nicht aufklären, sondern eher verschleiern. Sprachregelungen, die erkennbar darauf ausgelegt sind, zu vereinfachen, nicht zu differenzieren. Wie diese verdeckenden Terminologien eingesetzt werden, um manche kollektive Deutungsmuster (natürlich stets „gute“) zu fördern, andere in den Hintergrund zu drängen oder gar vollständig auszugrenzen. Wie also versucht wird, das Meinungsspektrum ein ganz klein wenig zu kappen – heute am gefährlichen „rechten Rand“, und morgen?

In der offenen und freiheitlichen Gesellschaft, in der erwachsenen Zivilgesellschaft gilt es hier den Anfängen zu wehren. Eine Politik einzufordern, die nicht der Stärkung bestimmter, auch noch so selbstüberzeugter und noch so gut-gemeinter kollektiver Deutungsmuster, sondern der inneren Stärkung der offenen und freiheitlichen Demokratie dient. Eine Politik einzufordern, die erkennt und durch ihr politisches Handeln deutlich macht, dass sie die Stärke der verfassten Demokratie in der Offenheit der Kontroverse, in der aufklärenden politischen Auseinandersetzung sieht, nicht im Ausmass der Erregung oder moralischen Empörung über das vermeintlich oder auch tatsächlich politisch Falsche. Es gilt deutlich zu machen, dass wir im 21. Jahrhundert gelernt haben und wissen, dass eine moralisierend vereinnahmende Aufregungsgesellschaft Ausdruck einer schwachen und unsicheren, eine die offene Kontroverse und inhaltliche Auseinandersetzung wagende Aufklärungsgesellschaft hingegen Ausdruck einer selbstbewussten und innerlich starken Demokratie ist.

Es geht an dieser Stelle nicht darum, bestimmte politische Denk- und Deutungsmuster zu bewerten. Es geht jedoch darum, bevormundende politische Deutungsmuster als solche erkennbar zu machen. Es geht darum aufzuzeigen, dass es ein zulässiges und für die stetige Weiterentwicklung der Gesellschaft fruchtbares „Jenseits" derartiger kollektiver Deutungsmuster gibt. Dass es tieferliegende Zusammenhänge gibt, die es lohnt aufzuklären, um bessere politische Antworten und politische Lösungen zu finden. Es geht darum deutlich zu machen, dass individuelle wie kollektive Aufregung und Empörung der erforderlichen Aufklärung nicht nur nicht nützen, sondern ihr schaden. Dass sie zu fatalen politischen Reflexen verleiten können. Dass anhaltende Nicht-Aufklärung daher ein Luxus ist, den wir uns in einer sich rasch verändernden Gesellschaft und in einer komplexen multipolaren Welt nicht länger leisten können, um den Preis der Überlebensfähigkeit der offenen und freiheitlichen Gesellschaft selbst.

Noch lässt sich das schlichte politische Deutungsmuster einer moralisch „guten" Politik, die aus der Vergangenheit „gelernt" hat, aufrechthalten. Noch scheint es möglich, dem konsequenten politischen Lernen in der Gegenwart und an der Gegenwart auszuweichen. Oder zumindest den Eindruck dessen aufrechtzuerhalten. Noch geht es unserer Wirtschaft und den meisten von uns materiell gut, so gut wie niemals in unserer Geschichte. Die Hydra der gefährlichen kollektiven politischen Deutungsmuster scheint zu schlafen. Aber dies wird nicht dauerhaft sein. Schon heute deuten Wahlbeteiligungen um 50% darauf hin, dass grosse Teile der Bevölkerung durch die Angebote der aktuellen Parteienpolitik nicht länger angesprochen werden und nicht einmal mehr dazu bewegt werden können, an die Wahlurnen zu gehen. Zugleich beobachten wir mit Sorge das unaufgelöste, unaufgeklärte gesellschaftliche Phänomen einer stetig fortschreitenden innergesellschaftlichen Ungleichzeitigkeit, einer damit auch weiter fortschreitenden innergesellschaftlichen Segregation und eines weiter zunehmenden Desinteresses an der traditionellen repräsentativen Politik. Wir sehen ebenso mit Sorge, dass durch das Vorenthalten argumentativer Auseinandersetzung der Radikalisierung des politischen „rechten Randes" unserer Gesellschaft unverständlicherweise Vorschub geleistet wird. Was wird passieren, wenn die Wirtschaftslage sich verschlechtert (was in einer global vernetzten Welt auch durch Feinde der offenen Gesellschaft ausgelöst werden kann) und gut vorbereitete Propagandisten der einfachen kollektiven Deutungsmuster ihre Stimme erneut erheben werden?

Die gute Nachricht bereits an dieser Stelle: Es gibt Wege, die offene und freie Gesellschaft erfolgreich gegen die Hydra zerstörerischer kollektiver Deutungsmuster zu schützen, sie gegen ihre vielfältigen Gifte frühzeitig zu „immunisieren", und dabei zugleich die offene Gesellschaft weiterzuentwickeln. Und wir haben vermutlich auch noch die Zeit, diese Wege einzuschlagen. Dazu später mehr.

Politische Deutungshoheit in der Demokratie

Die innere Stärke einer Demokratie lässt sich vermutlich recht gut daran erkennen, auf welche Weise in ihr politische Deutungshoheit hergestellt und durchgesetzt wird. In nicht-demokratischen geschlossenen Gesellschaften geschieht dies dadurch, dass die jeweils Herrschenden die jeweils missliebigen Meinungen zu marginalisieren oder auszuschliessen suchen und, wenn es die Machtverhältnisse erlauben, sie zu kriminalisieren und zu verfolgen. In einer starken Demokratie geschieht es durch einen mehr oder weniger offenen politischen Diskurs, stellvertretend geführt durch politische Repräsentanten, denen die Bevölkerung auf Zeit politische Macht übertragen hat. In einer innerlich starken Demokratie wird die gesellschaftliche Diskussion verstärkt und belebt durch ein breites Meinungsspektrum in den Medien wie auch in der Bevölkerung selbst. Die starke Demokratie sucht die Kontroverse und hält sie selbstverständlich aus – sie ist ihr Lebenselixier; die schwache Demokratie fürchtet sie und grenzt sie aus. Wir sollten erwägen, die Stärke unserer repräsentativen Demokratie künftig an dieser Art von Kriterien zu messen.

Die besondere Verantwortung demokratischer Politiker besteht darin, dass sie das Spannungsfeld der offenen Kontroverse nicht durch ihre auf Zeit verliehene politische Macht aufzuheben versuchen. In jahrzehntelang verfestigten Machtstrukturen von Parteien und Medien besteht allerdings die Gefahr, dass dies auf Dauer nicht gelingt. Dass zumindest das Interesse an den wirklich öffnenden Diskussionen verlorengeht, die auch einmal die macht- und marktsichernden Deutungsmuster in Frage stellen könnten. Dass das machtsichernde „System“ gleichsam ein Eigenleben entwickelt, das die ursprüngliche politische Mission system-immanent „weiterentwickelt“. An die Stelle der Fortentwicklung der freiheitlichen repräsentativen Demokratie tritt dann zunehmend die Sicherung der politischen Macht.

Eine solche Entwicklung zerstört die repräsentative Demokratie gleichsam „von innen“ (mehr hierarchisch orientierte Zeitgenossen würden vermutlich sagen: „von oben“). Parteien werden dann zu Parteiapparaten, unter deren schützendem Dach die verschiedensten Teilinteressen mehr oder weniger gut gedeihen. In einer auf Konsens getrimmten Zivilgesellschaft kann darüber hinaus durch das Einfordern

„politischer Korrektheit“ sichergestellt werden, dass in den diskursiven Vorgärten der „politischen Klasse“ (in vordemokratischen Gesellschaften: der „politischen Elite“) keine unnötig verstörenden Debatten geführt werden. Es kann sogar die Tendenz entstehen, politische Zusammenhänge und Begrifflichkeiten, die zwar aufklärungsbedürftig aber eben auch potentiell macht-gefährdend sind, ein wenig unscharf zu belassen, so dass dem unaufmerksamen Bürger leicht entgeht, dass eigentlich recht naheliegende Fragen nicht gestellt, zumindest nicht beantwortet, dass Probleme eben nicht gelöst werden. Parteimitglieder mutieren zu Parteikadern, Parteivorstände gewinnen immer grössere Ähnlichkeiten mit Politbüros. Parteitage, bei denen die Vorsitzenden nicht mehr als 75% der Stimmen erhalten (und dies auch noch ohne einen Applaus von mindestens 3 Minuten Dauer), werden dann als verstörend, als „schwere Niederlagen“ empfunden (in vordemokratischen Systemen werden tatsächlich üblicherweise mindestens 98.5% Zustimmung erreicht, nicht selten mit stehendem Beifall und vereinzelten Hurra-Rufen). Es kann schliesslich sogar die Versuchung entstehen, das verbleibende Restrisiko des Machtverlustes durch rundtischliche Absprachen weiter zu minimieren, so dass aus keinem der parteilichen „Nachbarhäuser“ ernsthafte Machtgefährdung droht. Ohne dass es der Souverän so recht bemerkt (und gewiss ohne dass es von irgendeiner Seite in irgendeiner Weise intendiert ist), droht sich die repräsentative Demokratie in eine halb-demokratische Oligarchie zu verwandeln, in der sich (um in die Metaphorik von Aldous Huxley's „Farm der Tiere" zu wechseln) eines Tages die Vertreter der politischen Macht und die Lobbyisten organisierter Interessen die Hand reichen, um gemeinsam die Zukunft der Gesellschaft festzulegen.

Ja, aber war es nicht eigentlich immer schon so, möchte mancher fragen. So ist Realpolitik eben. Das ständige Suchen und Finden von gesellschaftlich machbaren und wirtschaftlich nutzbringenden Kompromissen. Die umsichtige Abstimmung von einander widerstreitenden Positionen, der steige Ausgleich verschiedener innergesellschaftlicher Interessen zur Sicherung des innergesellschaftlichen Friedens und des erfolgreichen Funktionierens „der Wirtschaft". Und: Warum eigentlich nicht ? Warum brauchen wir eigentlich einen kontroversen „öffentlichen Diskurs"? Ist eine rund-tischliche Konsens-Politik nicht viel effizienter, viel erfolgsversprechender als eine diskursive, möglicherweise disruptive ständige Infragestellung eines mühsam erarbeiteten innergesellschaftlichen Konsenses ?

Das entscheidende Problem des rundtischlichen Politik-Ansatzes ist, dass er ein zentrales Grundprinzip, eine wesentliche Errungenschaft unserer verfassten demokratischen Gesellschaften ausser Kraft zu setzen droht: Das Grundprinzip von Checks und Balances, das Prinzip der Gewaltenteilung, die tatsächliche (und nicht nur scheinbare) Kontrolle der politischen Macht in der repräsentativen Demokratie, im verfassten Rechtsstaat. Eine zu mächtige parteiliche Dachlichkeit bedroht also nicht mehr und nicht weniger als konstitutive Prinzipien unserer repräsentativen Demokratie.

Dies ist vielleicht ein Thema für Staatsrechtler, möchte mancher erwidern. Was geht es uns Bürger an, solange man uns in Ruhe lässt? Die Antwort ist leider, dass es uns sehr viel angehen muss: In einer sich rasch wandelnden Gesellschaft besteht die ernsthafte Gefahr, dass die parteiliche Weltsicht, so gut abgestimmt sie auch sein mag, die Lebenswirklichkeit der sich rasch verändernden Gesellschaft nicht mehr ausreichend widerspiegelt, dass sie Probleme nicht länger erkennt, nicht länger offenlegt und auch nicht länger löst, trotz allen guten Willens. Das Politikverständnis des stetigen Ausgleiches unter immergleichen Mitspielern lädt geradezu ein zu jenem Phänomen, das geschlossene und nicht-partizipative Gesellschaftssysteme immer wieder zur Selbstzerstörung und zum Zusammenbruch geführt hat, dem Problem der unaufgeklärten innergesellschaftlichen Ungleichzeitigkeit.

Das Experiment der ungleichzeitigen Gesellschaft

Die weiter sorgsam gepflegten, teilaufgeklärten politischen Deutungsmuster des aktuellen politischen Diskurses stehen in einem bemerkenswerten Gegensatz zu den rasanten Fortschritten der materiellen Aufklärung auf anderen Gebieten, in anderen Bereichen unserer Lebenswelt. Wir erleben regelmässig, wie neue Entdeckungen und neue Technologien unser Leben grundlegend verändern. In den letzten Jahrzehnten ist es nicht nur zu einem historisch unvorhersehbaren Zuwachs des Volumens an positivem Wissen gekommen, sondern auch zu zuvor ungeahnten Möglichkeiten der Verarbeitung, Interpretation und Nutzung dieses Wissens, mit der Entstehung zuvor völlig neuartiger individueller und gesellschaftlicher Gestaltungsräume und Gestaltungsmöglichkeiten. Die fortschreitende Aufklärung unserer Lebenswelt durch die Empirie aus Versuch und Irrtum liefert also nicht nur neuartige Produkte, nützlich wie gefährlich, sondern treibt mit grosser Kraft die Individualisierung unserer Gesellschaft voran, verändert in grundlegender Weise das Selbstverständnis, das Verhalten, das Bewusstsein, die Beziehungsverhältnisse des Einzelnen zu seinen Mitmenschen und der ihn umgebenden Welt.

Der Begriff der „Ungleichzeitigkeit" scheint geeignet, das Phänomen einer zunehmenden „Spreitung" der Gesellschaft durch unterschiedliche Teilhabe am Prozess dieses empirisch begründeten Wissenserwerbs und an der Nutzung der neu gewonnenen Gestaltungsräume zu erfassen. Es ist eine Kernthese dieses Essays, dass bereits diese Teilhabe an einem sich stetig erweiternden, allem Anschein nach auch stetig weiter beschleunigenden Lernprozess aus Versuch und Irrtum, auf dem das evidenz-basierte positive Wissen in seiner Gesamtheit beruht, unsere „Sicht der Dinge", unseren Blick auf all unsere Lebensbereiche grundlegend verändert, auch die Wahrnehmung gesellschaftlicher und politischer Zusammenhänge. Dass also durch die mehr oder weniger grosse Teilhabe der Bevölkerung an diesem Lern- und Erfahrungsprozess aus Versuch und Irrtum, durch ihr unterschiedlich starkes Eingebundensein in eine Vielzahl unterschiedlicher Erfahrungswelten, eine innergesellschaftliche Ungleichzeitigkeit, eine Ungleichzeitigkeit des innergesellschaftlichen Denkens und Handelns entsteht, die die die Gesellschaft dauerhaft und nachhaltig zu segregieren droht. Zumindest dann, wenn diese Ungleichzeitigkeit nicht erkannt, nicht aufgearbeitet und Schritt für Schritt zum Nutzen der Gesellschaft aufgelöst wird.

Dieser Essay vertritt die kulturoptimistische These, dass die fortlaufende Aufklärung der materiellen Welt, die Entstehung immer neuer Lebens- und Gesellschaftsräume eine in die Zukunft offene Zeitachse eines sich stetig verändernden individuellen wie auch kollektiven gesellschaftlichen Bewusstseins schafft. Dass daraus einerseits neue Chancen der gesellschaftlichen Weiterentwicklung, andererseits neuartige Risiken und Gefährdungen für die Offenheit und Freiheit einer Gesellschaft entstehen. Sowohl diese Chancen als auch die Risiken bedürfen der stetigen Bearbeitung durch die repräsentative Politik. Die repräsentative Politik steht somit vor der herausfordernden Aufgabe, die jeweils bestehenden politischen Deutungsmuster nicht einfach nur „zu ihren Gunsten" zu bedienen und fortzuschreiben, sondern auf der Höhe der Zeit jeweils neu zu interpretieren und aufzuklären. Die besondere Verantwortlichkeit politischer Repräsentation besteht also darin, die stetig „entstehende" Ungleichzeitigkeit auf's immer Neue so weit wie möglich aufzulösen, um die offene und freiheitliche Gesellschaft einerseits weiterzuentwickeln und andererseits vor möglichen Gefährdungen zu schützen - unter der stetigen Kontrolle des Souveräns durch regelmässige Wahlen.

Die repräsentative Politik erhält damit „auf der Zeitachse der innergesellschaftlichen Aufklärung“ eine Gestaltungsaufgabe, die weit über ihre tradierte und allseits akzeptierte Verwaltungs- und Gestaltungsaufgabe hinausreicht. Der zäheste Widerstand gegen einen solchen letztlich unausweichlichen Weiterentwicklungsprozess der Gesellschaft ist dabei nicht (wie zur Zeit beschämenderweise immer wieder insinuiert) von den gesellschaftlich Schwächsten, den „Verlierern“ der gesellschaftlichen Weiterentwicklung zu erwarten, sondern von den Nutzniessern einer jeweiligen Zeit, die die ihre Interessen schützenden politischen Deutungsmuster so lange wie möglich zu erhalten suchen. In der Mehrheitsgesellschaft eines stabilen Rechtsstaates, der gesellschaftlich bedrohliche materielle Ungleichheiten einigermassen (wenn auch niemals wirklich zufriedenstellend) auszugleichen sucht (so wie dies derzeit zumindest in Deutschland versucht wird), besteht die grösste Gefahr nicht länger in einem Aufstand der durch die gesellschaftliche Weiterentwicklung vermeintlich oder tatsächlich „Zurückgelassenen“ (wie gemeinhin angenommen), sondern in der möglichen Diktatur eines besserwissend „verschliessenden“ Zeitgeistes. In einer Mehrheitsgesellschaft besteht damit eine wesentliche Herausforderung für die politischen Repräsentanten darin, den jeweils dominierenden Zeitgeist nicht allein zum eigenen Machtgewinn zu bedienen, sondern den Mut zu haben, aus diesem Zeitgeist immer wieder „herauszutreten“, um neue Perspektiven der gesellschaftlichen Weiterentwicklung zu explorieren und gegebenenfalls zum öffentlichen Diskurs zu stellen. Diese von vornherein schwierige Aufgabe wird gewiss nicht leichter in einer Gesellschaft mit der Altersstruktur einer Bundesrepublik Deutschland. Es scheint jedenfalls, dass sich die derzeitige repräsentative Politik nicht so recht an diese Herausforderung heranzuwagen scheint, mit zunehmender innergesellschaftlicher Segregation als Folge.

Wir alle zehren letztlich von der Dividende der historisch beispiellosen Entwicklung des evidenz-basierten Wissens durch die empirische Methode aus Versuch und Irrtum. Wir wissen (auch ohne uns dies unbedingt einzugestehen), dass diese stetige „Aufklärung“ unserer Lebenswelt in einer freiheitlichen und offenen Gesellschaft erheblich besser gelingt als in geschlossenen Gesellschaften. Es ist vermutlich auch nicht ganz falsch zu behaupten, dass die empirisch gewonnenen Erkenntnisse und ihre immer wieder erfolgreiche Umsetzung in gänzlich neue Konzepte und Produkte, nützlich wie gefährlich, den Zusammenbruch ideologisch geschlossener Gesellschaftssysteme, wie des real existierenden Sozialismus und des sowjetischen Kommunismus, erheblich beschleunigt haben und dass der materielle Wohlstand, die materielle Dividende der Aufklärung, auch heute noch ein entscheidender Grund dafür ist, dass die freien und offenen Gesellschaften so attraktiv sind für Menschen, die unter der Diktatur geschlossener Gesellschaften eben nicht nur in politischer Unfreiheit, sondern auch in materieller Armut leben. Dieser innere Zusammenhang zwischen gesellschaftlicher Freiheit und den Möglichkeiten (Chancen) zu gesamtgesellschaftlichem Wohlstand ist inzwischen so offensichtlich, dass politisch Verantwortliche freiheitlicher Gesellschaften hoffentlich niemals mehr dem Irrtum vordemokratischer Machthaber verfallen werden, „gesteuerter Fortschritt" ohne gesellschaftliche Freiheit sei eine für eine Gesellschaft auf Dauer überlebensfähige politische Option.

Die rasch zunehmende Entfernung zwischen den sich ständig weiterentwickelnden Denk- und Deutungsmustern der Empirie aus Versuch und Irrtum und den öffentlichen Denk- und Deutungsmustern der durch die traditionellen Parteien getragenen Politik ist eines der beiden Spannungsfelder der Ungleichzeitigkeit unserer Gesellschaft. Es ist das Spannungsfeld, das unseren offenen und freien Gesellschaften enorme Chancen zur Weiterentwicklung bietet. Chancen, die in früheren Jahrhunderten unvorstellbar schienen - wenn diese Chancen denn erkannt und wahrgenommen werden. Wenn dieses Spannungsfeld allerdings nicht bearbeitet wird (so wie es derzeit scheint), besteht die Gefahr, dass es zu einer zunehmenden Entfremdung der stetig neu interpretierten gelebten Wirklichkeit des Einzelnen und deren politischer Repräsentation kommt, zu einem unaufgeklärten Spannungsverhältnis zwischen der tagtäglich wahrgenommenen und gelebten Wirklichkeit einerseits und den unter den Dächern der Parteien wahrgenommenen Wirklichkeiten andererseits. Durch die daraus resultierende Segregation mit „Politikverdrossenheit" als Folge (bei gleichzeitiger Radikalisierung der ausgegrenzten „politischen Ränder" der Gesellschaft) besteht die Gefahr, dass der politischen Zusammenhalt der offenen und freien Gesellschaft (eines der in der Vergangenheit stets zu Recht vorausgesetzten konstitutiven Elemente demokratischer Verfasstheit) auf Dauer nicht mehr gegeben sein könnte. Die produktive Bearbeitung dieses Spannungsfeldes ist daher die zentrale politische Herausforderung und zugleich die grosse politische Chance unserer Zeit. Sie weist gleichsam in eine mögliche Zukunft der offenen und freiheitlichen Gesellschaften in Europa.

Ein zweites Spannungsfeld der Ungleichzeitigkeit führt in die Vergangenheit. Es ist das Spannungsfeld zwischen einem demokratischen, freiheitlichen westlichen Europa und Gesellschaften mit vordemokratischen politischen Denk- und Deutungsmustern, wie wir sie im säkularen Europa durch die Aufklärung seit Jahrhunderten hinter uns gelassen zu haben glaubten. In einer global vernetzten Welt ist für den politisch Interessierten nicht länger zu übersehen, dass es in manchen dieser vordemokratischen Kulturen einflussreiche und selbstbewusste Kräfte gibt, die unseren offenen und freiheitlichen Gesellschaften nicht nur ablehnend gegenüberstehen, sondern sie in ihrer vermeintlichen Schwäche, ihrer Verweichlichung, ihrer Orientierungslosigkeit oder auch in ihrer vermeintlichen Gottlosigkeit (die Konflikte lassen sich an durchaus verschiedenen Facetten der offenen und freiheitlichen, säkularen Gesellschaften festmachen) zutiefst verachten. Darunter einige, die inzwischen die direkte Konfrontation mit unseren europäischen Gesellschaften zu suchen beginnen. Ihre Verachtung und Gegnerschaft speist sich aus sehr unterschiedlichen Quellen der „Ungleichzeitigkeit“. Ihre zumeist „asymmetrischen“ Angriffe und Angriffsversuche folgen dementsprechend sehr verschiedenen Mustern. Aufgrund dieses Spannungsfeldes unserer freien und offenen Gesellschaft zu vor-demokratischen „Vergangenheiten“ wird es zu einem zunehmend wichtigeren Teil der Verantwortlichkeit unserer politischen Repräsentanten, diesen Verächtern unserer Freiheit zu verdeutlichen, dass die offenen und freiheitlichen Gesellschaften diese mögliche Bedrohung durchaus „verstanden“ haben. Hier gilt es möglichen Missverständnissen hinsichtlich der Verteidigungsbereitschaft und der Verteidigungsfähigkeit der freien Gesellschaften Europas vorzubeugen.

Diese beiden Spannungsfelder der Ungleichzeitigkeit, die gewissermassen die Spannungsfelder zwischen der europäischen gesellschaftlichen Gegenwart und einer möglichen europäischen Zukunft einerseits und dieser Gegenwart und einer gesellschaftlichen Vergangenheit andererseits sind, haben das Potential, unsere offene und freiheitliche Gesellschaft zu gefährden, wenn wir an der Begrenztheit, der „Geschlossenheit“ unserer derzeitigen politischen Deutungsmuster festhalten. Die Offenheit und Freiheit unserer Gesellschaft, die unter so vielen Opfern durchgesetzte Errungenschaft der europäischen Länder, könnten in diesem Fall zur Achillesferse unserer Gesellschaften und ihrer Freiheitlichkeit werden. Indem sie ein offenes Einfallstor für neue Formen freiheits-bedrohender Angriffe bietet, diese Angriffe gleichsam einlädt durch eine unschwer erkennbare

Segregation, Entpolitisierung und vermeintliche Schwächung der freien und offenen Gesellschaften. Gefahren für die Freiheit drohen dabei nicht nur aus robusten und selbstbewussten „vor-demokratischen Vergangenheiten", sie können ebenso aus einer unaufgeklärten „Diktatur des Zeitgeistes" oder aus einer selbst freiheitsverachtenden „technokratischen Zukunft" erwachsen.

Europas starke Wurzeln – Die europäische Aufklärung

In unserer alltäglichen Atemlosigkeit, in unserem rastlosen Wettbewerb, in unserer tagespolitischen Aufgeregtheit, übersehen wir, worauf der bemerkenswerte Erfolg unserer europäischen Gesellschaften und der durch Europa geprägten Kulturen letztlich gründet: Auf der in Europa schon seit Jahrtausenden „viralen" Bereitschaft und Fähigkeit zur stetigen Aufklärung des bisher Unaufgeklärten, des noch Unbekannten, des vormals Schicksalhaften, gegen alle damit verbundenen Ängste und gegen die Widerstände all derjenigen, die die Umstände der Zeit zu ihrem Vorteil zu nutzen suchen.

Es ist dieser aufklärerische Geist, der gegen die Widerstände von obrigkeitsstaatlicher Herrschaft, doktrinärer Religiosität und menschenverachtenden Ideologien den modernen Rechtsstaat geschaffen, Konzepte der Gewaltenteilung, der Checks und Balances, der Macht auf Zeit erdacht und durchgesetzt hat. Es ist ebenso dieser aufklärerische Geist, der sich angesichts der ständigen Bedrohungen durch Hunger,

Armut und Krankheiten von traditionellen Deutungsmustern aus Glauben und Aberglauben befreit hat, um durch Versuch und Irrtum gänzlich neue Wege zu gehen und gänzlich neue Lösungen zu finden.

Es gilt, diesem Ferment der stetigen Aufklärung in den teil-aufgeklärten europäischen Zivilgesellschaften des 21. Jahrhunderts Raum zu geben und es zu fördern. Es gilt deutlich zu machen, dass wir politischen Europäer die Suche nach dem Stein der Weisen, nach der blauen Blume, nach der welterklärenden und von allem irdischen Elend erlösenden Ideologie, nach dem die Nation (oder gar „Europa") rettenden Führer nicht zufällig oder aus irgendeiner Not heraus, sondern freigewählt und selbstbewusst hinter uns gelassen haben – um der neu gewonnenen politischen und existentiellen Freiheit willen. Es gilt deutlich zu machen, dass wir auf diesem Weg zwar immer wieder schmerzhaft an neue Grenzen stossen, dass wir immer wieder auf's Neue erkennen müssen, dass „wir wissen, dass wir nicht wissen" – dass wir jedoch eine Methode gefunden haben, um an dieser Klagemauer des menschlichen Schicksals erfolgreich tätig zu werden: Die Empirie, die Methode aus Versuch und Irrtum.

Dies ist die Ungleichzeitigkeit unserer europäischen Gesellschaft zu Beginn des 21. Jahrhunderts: Wir nutzen die Werkzeuge der Aufklärung in Forschung, Wissenschaft und Wirtschaft zu unserem materiellen Vorteil und Gewinn, weigern uns jedoch beharrlich, diese gleichen Werkzeuge auf unsere überholten politischen Deutungsmuster aus teil-aufgeklärten Zeiten anzuwenden. Wir nutzen die Werkzeuge der Empirie, um die Geheimnisse der Welt in subatomarem Detail zu ergründen, und protestieren nicht einmal vernehmbar, wenn uns irgendwelche Wortführer auch im 21. Jahrhundert noch weismachen wollen, dass Menschen nach ihren Meinungen oder ihrer Herkunft, nicht nach ihren Taten oder erklärten Absichten in „gut" und „böse" eingeteilt werden dürfen. Stereotyp, unkritisch, und dennoch weitgehend unwidersprochen.

Anstatt uns der schwierigen aber auch erfüllenden Aufgabe zu stellen, den Geist der Aufklärung auch gesellschaftlich fortzuschreiben, hantieren wir unverbesserlichen Aufregungs-Demokraten im Bereich der politischen Auseinandersetzung noch immer mit erschreckend einfachen, oft ungeprüften Klischees und Deutungsmustern der wechselseitigen Schuldzuweisung, während wir uns gleichzeitig („ungleichzeitig" in der Terminologie dieses Essays) durchaus in der Lage zeigen, uns und unsere Lebenswelt durch die Empirie aus Versuch und Irrtum immer tiefer und immer weiter zu ergründen, sie um neu geschaffene Parallelwelten in zuvor ungeahnte Dimensionen zu erweitern. Wenn es uns nicht gelingt, diese innergesellschaftliche Ungleichzeitigkeit Schritt für Schritt aufzulösen, könnte die Weiterentwicklung unserer offenen und freiheitlichen Gesellschaft ebenso gefährdet sein wie das Projekt eines in Freiheit vereinten Europa. Wir könnten daran scheitern, dass wir (gleichsam gegen besseres Wissen) übersehen, dass auch politische Probleme letztlich nur durch unvoreingenommene Analyse und systematische Aufklärung erfolgreich zu lösen sind – und dass in einer offenen und freiheitlichen Gesellschaft die Ergebnisse einer solchen politischen Aufklärungsarbeit selbstverständlich offengelegt und gegebenenfalls diskutiert gehören. Wir könnten ebenso übersehen, dass die Bewunderung der freien und offenen Gesellschaften und der europäischen Werte in der multipolaren Welt des 21. Jahrhunderts nicht so universell ist, wie wir dies vielleicht gerne glauben möchten. Wir könnten hart aber unfair konfrontiert werden mit politischen Deutungsmustern, die wir für längst überwunden hielten. Wir könnten auch selbst, in direkter Folge unseres unterentwickelten eigenen politischen Bewusstseins und unserer mangelnden politischen Aufklärung, zurückgeworfen werden auf neuartig vereinnahmende politische Deutungsmuster, die uns unserer mühsam gewonnenen politischen und existentiellen Freiheit wieder berauben wollen, vermutlich unter dem Vorwand, uns vor weit grösserem Unheil beschützen zu müssen. Möchten wir politisch Interessierten uns diese „selbstverschuldete Unmündigkeit" tatsächlich dauerhaft leisten?

Wege aus der Aufregungsgesellschaft

Die offene und freiheitliche Gesellschaft lebt von ihrer inneren Toleranz und ihrer Meinungsvielfalt, von der Vielfalt der in ihr vertretenen politischen Deutungsmuster. Es gehört zu den Grundpflichten der Demokratie, die Freiheit des jeweils Anderen zu respektieren und politischer Bevormundung auch dann entgegenzutreten, wenn sie Andersdenkenden gilt. Es ist für die freiheitlich verfasste Gesellschaft geradezu überlebenswichtig, dass sie sich stets ihrer konstitutiven Grundlagen bewusst ist und sich ihrer immer wieder versichert. Diese Grundlagen bestehen in einem festen Werte-Fundament, auf dem unsere offenen freien Gesellschaften in ihrer Verfasstheit überhaupt erst entstehen konnten, und in dem darauf gegründeten Rechtsstaat. Dieses Fundament gilt es zu verteidigen, um den Preis des Überlebens unserer freiheitlichen Gesellschaft selbst. Allein auf der Grundlage aufgeklärter europäischer Werte, allein unter den Bedingungen eines verfassten und handlungsfähigen Rechtsstaates können wir uns die offene und freiheitliche Gesellschaft, die öffnende, die klärende politische Debatte überhaupt erst „leisten“. Die Zukunft der freiheitlichen Demokratie steht und fällt daher mit der stetigen Sicherung des Vertrauens der Bevölkerung in das Funktionieren des verfassten Rechtsstaates.

Solange der verfasste Rechtsstaat seine schützende Funktion erfüllt (wie er dies in den meisten Ländern Europas seit Jahrzehnten überzeugend tut), haben die ungleichzeitigen Gesellschaften Deutschlands und Europas ausgezeichnete Chancen, Wege aus der aktuellen Aufregungsdemokratie hin zu einer künftigen Aufklärungsdemokratie zu finden. Denn die Spannung der Ungleichzeitigkeit zwischen den von stetiger Analyse, Aufklärung und Innovation geprägten individuellen Lebenswelten eines zunehmenden Teils der Bevölkerung und einer seit jeher auf politische Deutungshoheit ausgelegten Parteilichkeit lässt sich produktiv und für die Weiterentwicklung der Gesellschaft gewinnbringend aufheben, wenn politisch bewusste Bürger und ihre politischen Repräsentanten Wege finden, die ihnen selbstverständlich gewordene Aufklärungsarbeit auch im öffentlichen politischen Diskurs zu verwirklichen.

Die konsequente De-Chiffrierung von Klischees und Stereotypen ist der vermutlich wichtigste Beitrag, den eine künftige Avantgarde politischer Repräsentanten (aus welchen Parteien sie auch immer kommen mögen) zur Auflösung der aktuellen Ungleichzeitigkeit unserer Gesellschaft leisten kann. Es ist der vermutlich einzige Weg, der Hydra der unaufgeklärt bevormundenden politischen Deutungsmuster dauerhaft ihre Gefährlichkeit zu nehmen. Der zu erwartende Widerstand, die zu erwartende Empörung und Entrüstung derjenigen, die ihren Profit auf Dauer allein aus verfestigten politischen Denk- und Deutungsmustern ziehen wollen, aus deren fortdauernder Unaufgeklärtheit, aus deren fortlaufender Bedienung, aus der daraus erwachsenden parteilichen Bevormundung und Macht, müssen diese Repräsentanten in Kauf nehmen. Es ist ein vergleichsweise geringer Preis für den Glaubwürdigkeitsgewinn demokratischer Repräsentation und für neu gewonnene Möglichkeiten zur Weiterentwicklung der offenen und freiheitlichen Gesellschaft.

Diese Gesellschaft ist inzwischen dringender als in vergangenen Jahrzehnten auf die Aufklärung und De-Chiffrierung tradierter Klischees und Stereotype angewiesen. Es geht nicht länger allein um die Stärkung der repräsentativen Demokratie, nicht allein um die Nutzung der der Ungleichzeitigkeit innewohnenden politischen Chancen zur gesellschaftlichen Weiterentwicklung. Es geht inzwischen leider auch um die

Vermeidung neuer drohender gesellschaftlicher Segregierungen. Es geht beispielsweise um eine tatsächlich erfolgreiche Integration der zu uns in grosser Zahl flüchtenden Menschen, von denen die meisten ihrerseits aus Kulturen bevormundender Denk- und Deutungsmuster kommen, die gleichfalls der schrittweisen Öffnung und Aufklärung bedürfen. Gänzlich unerwartete Herausforderungen der Ungleichzeitigkeit, auf die wir derzeit einigermassen unvorbereitet sind und die wir ebenfalls nur durch konsequente politische Aufklärungsarbeit werden bewältigen können.

Es gibt leider genügend unaufgeklärte oder teilaufgeklärte politische Denk- und Deutungsmuster, die sich für den Einstieg in eine künftige Politik der entschiedeneren Aufklärung anbieten. So bedarf etwa die aktuelle „Flüchtlingsdebatte“ dringend einer Klärung der Terminologien. Es ist geradezu schmerzhaft zu erleben, wie die Begrifflichkeiten von Asyl und Einwanderung bunt durcheinandergewürfelt werden – ein sicheres Rezept für innergesellschaftliche Aufregung. Ebenso gehört es zur politischen Aufklärung, sich der Rechtsgrundlagen zu versichern, auf denen das politische Handeln stattfindet. Es ist besorgniserregend, dass in der Flüchtlingsproblematik auch nach Monaten keine politische Strategie zur Bewältigung dieser „Herausforderung mit Ansage“ zu erkennen ist. Einen derartigen Zustand sollte sich eine offene und freiheitliche Gesellschaft auch deshalb nicht über einen allzu langen Zeitraum leisten, weil er falsche Signale an diejenigen sendet, die die freiheitlichen Gesellschaften ohnehin für schwach, orientierungslos und kaum verteidigungsfähig halten. Es ist in diesem Zusammenhang bedrückend zu sehen, dass denjenigen Menschen in unserem Land, die den Flüchtlingszuzug subjektiv als Bedrohung empfinden (was bedauerlich, aber zugleich doch nicht gänzlich unverstehbar ist) und die in einem in die Ungleichzeitigkeit der Vergangenheit führenden politischen Reflex auf kollektive politische Deutungsmuster eines vermeintlich altbewährten Nationalismus zurückgreifen (was für überzeugte Europäer noch bedauerlicher, aber aus der Perspektive der Betroffenen eben auch nicht gänzlich unverstehbar ist), mit dem Versuch der Ausgrenzung statt mit entschiedener Aufklärung begegnet wird. Wer ungleichzeitiges Denken auszugrenzen und eben nicht aufzuklären, argumentativ aufzulösen versucht, fördert die weitere Segregation der demokratischen Gesellschaft, fördert die Zuspitzung der innergesellschaftlichen Ungleichzeitigkeit, muss sich vorwerfen lassen, zur Aufregung statt zur Aufklärung, zur „Verschliessung“ statt zur Öffnung, zur Spaltung statt zur Zusammenführung der Gesellschaft beizutragen.

In der schrittweisen Weiterentwicklung unserer offenen und freiheitlichen Gesellschaften steht den Bürgern und Politikern Europas eine äusserst erfolgreiche Methode der stetigen Aufklärung zur Verfügung, die Empirie aus Versuch und Irrtum. Sie hat sich nicht nur in Wissenschaft und Wirtschaft, sondern in allen Bereichen unseres täglichen Lebens bewährt. Sie erlaubt es, vorurteilsfrei Schritt für Schritt an Erfahrung zu gewinnen, neue Einsichten und Lösungen zu finden, auch Irrwege zu erkennen und aus ihnen zu lernen. Wir politisch bewussten Europäer haben die historische Chance, diese Methode der Empirie gemeinsam zu nutzen, um auf der Höhe unserer Zeit die Offenheit und Freiheit unserer Gesellschaften Schritt für Schritt zu erweitern. Wir sollten diese Chance wahrzunehmen suchen.

Durch die Einforderung eines zunehmend evidenz- und weniger stimmungs-getriebenen öffentlichen politischen Diskurses könnte es in Europa gelingen, den traditionellen politischen Deutungsmustern kritischer als bisher auf den Zahn zu fühlen, plakativ „zudeckenden“ und auf Parteilichkeit ausgelegten Aussagen kritischer und zugleich gelassener als bisher entgegenzutreten. Es könnte gelingen, eine Politik aus schrittweisem, kleinteiligen „Versuch und Irrtum“ anstelle dauerhafter Bevormundung durch „Brot und

Spiele“ einzufordern. Es könnte gelingen, von den uns repräsentierenden Politikern noch klarer als bisher zu verlangen, dass sie sich dem Experiment der gesellschaftlichen Ungleichzeitigkeit, den Herausforderungen der gesellschaftlichen Weiterentwicklung aufklärend statt vereinnahmend stellen. Dass sie ihre wie auch immer begründeten Positionen erklären, dass sie die Evidenzen aufzeigen, auf die sie ihre Projektionen begründen, dass sie dabei auch die voraufklärerische Pose des stetigen parteilichen „Rechthabens“ endlich aufgeben und vielleicht sogar die Möglichkeit des Irrtums für die Bevölkerung nachvollziehbar einbeziehen. Es sollte sich die Einsicht durchsetzen, dass die Zeiten der „schliessenden“, zudeckenden, polarisierenden parteiischen Rechthaberei, des Bedienens partei-dienlicher politischer Deutungsmuster in erwachsenen europäischen Zivilgesellschaften zu Ende gehen werden. Die offene und freiheitliche Gesellschaft braucht die offene, die inhaltlich öffnende, die aufklärende Kontroverse. Es gibt vermutlich keinen besseren Weg, die gesellschaftliche Ungleichzeitigkeit zum nachhaltigen Nutzen der Gesellschaft aufzulösen. Es gibt vermutlich keinen anderen Weg, die Hydra der bevormundenden kollektiven politischen Deutungsmuster dauerhaft zu besiegen.

Aus Sicht des Wählers liesse sich rasch beurteilen, ob das hier skizzierte erweiterte Politikverständnis von den ein oder anderen politischen Repräsentanten gewagt wird oder eben auch weiterhin nicht: An der Bearbeitung oder Nicht-Bearbeitung derjenigen politischen Deutungsmuster, die in ihrer Schlichtheit in besonderem Masse nach Aufklärung verlangen. Das Deutungsmuster eines undifferenzierten und auch nicht weiter differenzierenden, moralisierenden „Gutmenschentums" gehört dazu – den Rekurs auf derart schlichte Stereotype sollte eine aufgeklärte und aufklärende Politik nicht länger nötig haben. Auch die aufklärende Aufarbeitung ungleichzeitiger nationaler und nationalistischer Stereotype „der Vergangenheit Europas" gehört dazu – also die Überwindung dieser Stereotype durch Aufklärung, nicht durch Ausgrenzung. Es gibt weitere politische Auseinandersetzungen der letzten Jahre, in denen Argumentationslinien kaum widersprochen verkürzt wurden mit dem Ergebnis, dass bestimmte (natürlich zeitgeistlich „gute") Deutungsmuster Deutungshoheit erlangten. Der Wert einer solchen Durchsetzung für die Interessenvertreter der jeweiligen Positionen ist zumeist recht gut erkennbar. Wichtiger wäre allerdings die Beantwortung der Frage, wie hoch der Wert für die Gesellschaft insgesamt ist. Wir sollten uns jedenfalls nicht schleichend daran gewöhnen, die Diskussion um die Unterschiede zwischen X und U nicht mehr führen zu wollen – denn die offene und freiheitliche Gesellschaft würde auf Dauer einen viel zu hohen Preis dafür zahlen, im schlimmsten Fall den Preis des Verlustes der Freiheit selbst.

Die existentielle Dimension der Freiheit

Politische Repräsentation konzentriert sich naturgemäss auf Fragen der Wirtschaftspolitik und des innergesellschaftlichen materiellen Ausgleiches. Aus gutem Grund. Schliesslich hängt die Stabilität einer demokratischen Gesellschaft zunächst einmal ganz wesentlich von ihrem materiellen Wohlstand und dessen einigermassen fairer Verteilung, von der erfolgreichen Überwindung innergesellschaftlicher materieller Armut und materieller Ungleichheit ab. Die fortlaufende Bewältigung dieser gewaltigen politischen Aufgabe ist und bleibt eine grosse Herausforderung repräsentativer Politik.

Allerdings lebt der Mensch nicht vom Brot allein. Materielle Unabhängigkeit ist eine notwendige, aber keine hinreichende Bedingung der individuellen existentiellen Freiheit, um deren Ermöglichung es in der aufgeklärten freiheitlichen und offenen Gesellschaft eben auch geht. Wir dürfen diese gesellschaftliche Zielsetzung (den „pursuit of happiness" in der Gesamtheit seiner Facetten), nicht gänzlich aus den Augen verlieren, insbesondere dann nicht, wenn unsere freiheitliche Gesellschaft (seit langer Zeit erstmalig wieder) in ihrer „existentiellen Dimension" herausgefordert zu werden scheint.

Auch wenn es in einer offenen und freiheitlichen Demokratie gerade nicht zu den Aufgaben politischer Repräsentation zählt, ohne Not in die Gestaltung der individuellen „existentiellen" Freiheit einzugreifen oder diese gar einzuschränken, so gehört es doch zu den zentralen Aufgaben repräsentativer Politik, die Voraussetzungen dieser Freiheit zu sichern. Gerade in Zeiten einer erkennbaren Segregierung der Gesellschaft muss es daher ein zentrales Anliegen politischer Repräsentation sein, die hierdurch entstehenden Gefährdungen der demokratischen Gesellschaft zu benennen und ihnen entgegenzutreten. Die Art und Weise, wie derzeit Wahlkämpfe durchgeführt werden, lässt leider nicht darauf schliessen, dass die Parteienapparate sich dieser Verantwortlichkeit in besonderer Weise bewusst wären.

Ein säkulares politisches Europa muss auch angesichts der neuartigen Herausforderungen durch Ungleichzeitigkeiten „aus der Vergangenheit" ein besonderes Interesse daran haben, deutlich zu machen, dass es kein ausschliesslich auf seine eigene Vorteile ausgerichtetes, ansonsten „sinnleeres" Gebilde, kein sturmreifes Gebäude der materiellen Gier und politischen Orientierungslosigkeit ist. Sondern dass es aus starken gemeinsamen religiösen und kulturellen Wurzeln erwachsen ist. Dass die europäische Union nicht nur eine wirtschaftliche und politische Zweckgemeinschaft, sondern eben auch eine historisch gewachsene Wertegemeinschaft ist, die bereit ist, diese Werte zu verteidigen und die sie auch zu verteidigen weiss. Auch aus dieser Notwendigkeit heraus sind wir aufgefordert, unsere gesellschaftliche Weiterentwicklung aktiv an die Wurzeln der europäischen Aufklärung anzuknüpfen. Vielleicht gelingt es dann sogar, den „pursuit of happiness" erfolgreich zurückzuübersetzen in unsere so faszinierend vielfältigen, so facettenreichen Sprachen Europas.

Das „Projekt Aufklärung" - Generationenwechsel in Europa

Die derzeit politisch Verantwortlichen wurden zumeist noch in einer Zeit politisch sozialisiert, in der die offenen und freiheitlichen Gesellschaften sich als Gegenentwurf zum geschlossenen Gesellschaftssystem des real existierenden Sozialismus entwickeln und (für demokratische Gesellschaften essentiell) glaubwürdig positionieren konnten. Es ist vermutlich keine wesentliche Überspitzung zu behaupten, dass durch die unmittelbare Bedrohung der Freiheit durch den Sowjetimperialismus die offenen und freiheitlichen Gesellschaften der westlichen Welt sich jahrzehntelang, wenn auch am gefährlichen Abgrund einer nuklearen Katastrophe, erfolgreich entwickeln konnten.

Zugleich begünstigte jedoch der Gegenpol einer polarisierenden sowjetisch dominierten Ideologie auch die Ideologisierung der westlichen Gesellschaften. Es schien einfach keinen politischen Raum für „aufkärerische Experimente" zu geben, zumal der real existierende Sozialismus die machtpolitische Chuzpe besass, gerade die Aufklärung für sich zu reklamieren und diese Position den politisch interessierten jungen Menschen in den westlichen Gesellschaften damals auch recht erfolgreich zu vermitteln.

Weitsichtige Politiker in den verschiedensten Ländern und den verschiedensten Lagern haben letztlich verhindert, dass sich Europa in dieser ideologischen Polarisierung selbst zerstörte. Haben unseren Kontinent davor bewahrt, dass er den letzten Preis der ideologischen Polarisierung zahlen musste. Haben es letztlich zumindest zugelassen, dass die Mauern und Barrikaden in Deutschland und Europa fielen, dass wieder zusammenwachsen konnte, was zusammengehört. Diese Tatsache allein gibt Hoffnung für Europas politische Zukunft. Was die Politiker dieser Generation jedoch nicht erreichen konnten, war, dass auch die tiefer liegenden Verwundungen Europas politisch aufgearbeitet wurden. Dass die ideologischen Verwüstungen des 20. Jahrhunderts als das bewertet werden konnten, was sie eben vor allem waren: Ein barbarischer, ein zutiefst zynischer Bruch in der europäischen Tradition der Aufklärung.

Die Nachwirkungen dieses Jahrhunderts der ideologischen Barbarei reichen bis in die heutige Zeit. Die Nachwirkungen bestehen nicht so sehr in einer direkten Bedrohung der freiheitlichen Gesellschaften durch sozialistische oder auch nationalistische Ideologien (die Katharsis der Katastrophen wirkt nach), sondern vielmehr darin, dass die Sozialisierung einer ganzen Generation in einer Atmosphäre der kollektiven politischen Vereinnahmung erfolgte. Eine solche polarisierende Erfahrung bleibt, gewollt oder ungewollt, prägend für ein politisches Leben. Sie begünstigt, zumindest für die Spanne einer Generation, das Fortdenken in gewohnten politischen Deutungsmustern. Begünstigt die Romantisierung, die rückblickende Idealisierung des eigenen politischen Handelns, die Nicht-Aufklärung aus Stolz oder aus einer mehr oder weniger bewussten Angst, sich den ein oder anderen politischen Irrtum, vielleicht sogar die ein oder andere politische „Lebenslüge" eingestehen zu müssen - Nichtaufklärung gleichsam als Selbstschutz einer in politischer Polarisierung sozialisierten Generation.

In Deutschland, dem im 20. Jahrhundert am schwersten von kollektiven politischen Deutungsmustern verwüsteten Land Europas, blieb diese generationenübergreifende Nachhaltigkeit kollektiver politischer Deutungsmuster zunächst verborgen durch die Herausforderungen des wirtschaftlichen Wiederaufbaus, zunächst nach einem verheerenden Krieg und dann nach der „Wende". Sie wird jetzt jedoch dadurch deutlich, dass sich in Deutschland (wieder einmal) ein kollektives politisches Deutungsmuster des romantisierenden Ressentiments durchzusetzen versucht, sozusagen das „endlich gute“ Gegenbild zu den zerstörerischen Ideologien des 20. Jahrhunderts. Es ist nicht unbedingt ein schlechtes Zeichen für den inneren Zustand Europas, dass sich in anderen europäischen Ländern Widerstand gegen einen solchen Versuch moralisierender Vereinnahmung regt. Dieser Widerstand legt die Finger in die Wunden der „deutschen“ Ungleichzeitigkeit im europäischen Verbund der kulturellen Vielfalt. Wir Deutschen sollten diesen Hinweis nicht mit Empörung zurückweisen, sondern als Anregung zum politischen Nachdenken und Lernen verstehen. Aufklärung statt Aufregung – eine europäische Baustelle vielleicht für eine künftige europäische Avantgarde der politischen Aufklärung in Deutschland.

Die europäische Einigung begründet sich nicht auf dem Vorhandensein einer gemeinsamen europäischen Bürokratie – so hilfreich diese Bürokratie auch sein mag. Die europäische Einigung begründet sich auch nicht auf dem Vorhandensein einer gemeinsamen Währung. Die europäische Einigung begründet sich auf der all unseren Ländern gemeinsamen europäischen Aufklärung, die ihre Wurzeln wiederum im gemeinsamen europäischen Christentum und der humanistischen Philosophie hat. Diesen verlorenen Traditionsstrang wieder aufzunehmen ist die Aufgabe einer nächsten Generation in Europa. Einer Generation, die nicht mehr verstrickt ist in die ideologischen Polarisierungen des 20. Jahrhunderts. Die vor allem auch die historische Distanz zu den Barbareien des 20. Jahrhunderts hat, die wohl notwendig ist, um über das schrecklich Trennende hinaus das viel stärkere verbindende Gemeinsame nicht nur zu sehen, sondern auch zu leben. Die sich zugleich verantwortlich fühlt dafür, das von der Vorgänger-Generation liegengebliebene Experiment einer unaufgeklärt ungleichzeitigen Gesellschaft nicht länger unbearbeitet liegen zu lassen. Die Instrumente diese Herausforderung anzugehen, hat diese künftige Generation längst in der Hand: Es ist das vorurteilsfreie Herangehen an die Probleme der Zeit unter umsichtiger Verwendung der verfügbaren Technologien und unter ebenso umsichtiger, klein-schrittiger Anwendung der empirischen Methode aus Versuch und Irrtum, unter den Bedingungen stabiler rechtsstaatlicher Verfasstheit und auf der Grundlage eines ebenso stabilen gemeinsamen europäischen Wertesystems.

Das Projekt der Aufklärung ist kein politisches (und gewiss kein partei-politisches) Projekt, es ist ein gesamtgesellschaftliches Projekt. Es ist kein nationales Projekt, sondern ein Projekt der offenen und freiheitlichen Gesellschaften insgesamt. Es ist auch nicht das Projekt einer Generation. Das Projekt der Aufklärung ist bereits seit Jahrhunderten unterwegs, und sein Ausgang in der Zukunft ist offen. Es ist das Projekt der Aufklärung, das stetig die Achse der Ungleichzeitigkeit neu aufspannt und zugleich die Kraft verleiht, diese Ungleichzeitigkeit immer wieder dialektisch aufzulösen. Das Projekt der Aufklärung hat in Europa über die Jahrhunderte immer wieder bewiesen, dass es scheinbar übermächtige Mythen, Ideologien, Klischees und Stereotype aufzuklären, aufzulösen und zu überwinden vermag. Der grosse, der längst verdiente Erfolg des europäischen Projektes der Aufklärung ist die dauerhafte Einigung Europas in kultureller Vielfalt und Freiheit.

Sisyphos re-visited – Keep the rock rolling

Jeder, der das Glück hatte, in seinem Leben den Wurzeln des europäischen Denkens, der griechischen Philosophie, und dem existentialistischen Denken eines Albert Camus zu begegnen, wird verstehen, warum dieser Essay geschrieben wurde. Warum er geschrieben werden musste. Wir glauben nicht unbedingt daran, die letzten Wahrheiten jemals erkennen zu können. Wir wissen, dass wir nicht wissen können. Aber wir versuchen zu verstehen. Weil es ein Leben lohnt.

Es ist nicht entscheidend, ob wir Gewissheit im Glauben finden oder uns entschieden haben, diesen „Sprung“ nicht zu tun. Wir wissen uns einig im Vertrauen auf einen gemeinsamen Wertekanon, den wir gemeinsam schützen und gegen die Feinde der Freiheit verteidigen werden. Wir tun dies im Sinne eines Karl Popper, der uns die Augen geöffnet, die Sinne geschärft hat für das Treiben der Ideologen und ihrer Helfershelfer, und (unter dem Eindruck der verheerenden Ideologien des 20. Jahrhunderts und des Zweiten Weltkrieges) begründet hat, weshalb wir ihnen zu allen Zeiten entgegentreten müssen. Weshalb wir auch in einer zeitgeistlichen Mehrheitsgesellschaft aufsprechen müssen, wenn die freiheitliche Weiterentwicklung aus dem Blick zu geraten droht. Weshalb wir Anfängen wehren müssen.

Wer das Glück hatte, den Bogen schlagen zu können zu den Wurzeln der amerikanischen Verfassung, zum Denken und Wirken eines Thomas Jefferson und der Gründerväter und –mütter (soviel political correctness muss sein), wird für sein Leben fasziniert bleiben von der visionären Kraft ihres Denkens, das sich direkt aus der europäischen Aufklärung ableitet. Wird mit vielen Amerikanern die tiefe Enttäuschung über die Entwicklung der amerikanischen Politik im ersten Jahrzehnt dieses Jahrhunderts teilen, die Enttäuschung über ihre so unnötige Verengung, Verhärtung, Entfremdung von den eigenen Wurzeln. Gewiss würden viele von uns wünschen, dass in diesem grossen Land ein neues Bewusstsein für seine wahren Stärken erwächst, dem Land, dem wir Europäer des letzten Jahrhunderts so viel verdanken.

Das Lob der empirischen Methode aus Versuch und Irrtum ist in diesem Essay nachdrücklich besungen worden. Daher soll an dieser Stelle nochmals betont werden, dass die empirische Methode nicht mehr ist als ein Werkzeug, das zum Nutzen wie zum Schaden angewendet werden kann und angewendet wird. Ein sehr mächtiges Werkzeug allerdings: Die empirische, evidenz-basierte Methode hat die Kraft das Ungeklärte aufzuklären, Hypothesen zu falsifizieren, durch schrittweises Vorgehen aus Versuch und Irrtum immer wieder auch zu vollkommen überraschenden Einsichten zu gelangen. Der Leser sollte diesen Text als Aufmunterung verstehen, diese Methode beim jeweils eigenen Weg in das Unbekannte einzusetzen, ihren Einsatz auch von den politischen Repräsentanten einzufordern, sich nicht auf falsche Warnungen, falsche Verheissungen, immer-falsche Klischees und Stereotype, auf vereinnahmende politische Deutungsmuster zu verlassen - sondern zu versuchen sie aufzulösen. Lernen lernen.

Es bleibt, zum Schluss, ein Besuch bei Sisyphos, dem alten Freund, der bis in alle Ewigkeit seinen Stein den Berg hinaufwuchten wird, um ihn am Ende doch immer wieder herunterrollen zu sehen. Er ist auch heute unterwegs. Albert Camus verliess ihn mit dem bemerkenswerten Satz: „Wir müssen uns Sisyphos als einen glücklichen Menschen vorstellen.“ Dem ist nichts hinzuzufügen: All unser menschliches Streben bleibt vergeblich. Doch der Stein, den in Bewegung zu halten wir verurteilt sind, ist an keinem Tag der gleiche. Die Arbeit am Stein lohnt ein Leben.